Los 50 Personajes más Influyentes de la Historia:

La Vida y el Legado de los Personajes que Moldearon el Mundo

Arthur William Gertz

"El pensamiento es el poder más poderoso que existe en el universo; es el origen de todas las grandes acciones, y las grandes acciones son el origen de todos los grandes logros." - **Swami Vivekananda**

Contenido

Prólogo

En este cautivador viaje histórico, te invito a sumergirte en las vidas y legados de los 50 Personajes Históricos que Transformaron el Mundo. Prepárate para ser cautivado, inspirado y maravillado por las figuras más influyentes de todos los tiempos.

Desde visionarios revolucionarios hasta líderes incansables, desde mentes científicas brillantes hasta artistas innovadores, esta colección te llevará a través de los siglos y continentes, revelando las historias fascinantes de aquellos que desafiaron las convenciones y dejaron una huella indeleble en la historia de la humanidad. A medida que explores sus vidas, descubrirás las pasiones y los sacrificios que los impulsaron hacia adelante, superando adversidades aparentemente insuperables en su búsqueda de un mundo mejor.

Sus logros trascienden el tiempo y las culturas, abarcando campos tan diversos como la ciencia, el arte, la política, la filosofía y mucho más.

A lo largo de cada página, serás testigo de cómo estos hombres y mujeres extraordinarios desafiaron las normas establecidas, enfrentaron las adversidades y desencadenaron una cascada de transformación en sus respectivos campos. Su legado nos inspira a todos a mirar más allá de lo posible, a perseguir nuestros sueños con pasión y a luchar por un mundo más justo y equitativo.

Introducción

En este libro titulado "Los 50 Personajes que Cambiaron el Mundo", nos embarcamos en un apasionante viaje a través de la historia para descubrir el impacto de algunas de las figuras más influyentes de todos los tiempos. A lo largo de estas páginas, exploraremos las vidas y las contribuciones de los visionarios cuyo legado ha dejado una huella imborrable en nuestra sociedad.

Es fundamental reconocer la importancia de destacar las contribuciones individuales en la historia. A menudo, tendemos a enfocarnos en los eventos y movimientos colectivos, olvidando que son las acciones y las ideas de individuos valientes las que impulsan verdaderamente el cambio. Estos 50 personajes encarnan esa valentía y determinación, desafiando las normas establecidas, rompiendo barreras y transformando el mundo en el que vivimos hasta el día de hoy.

A medida que exploramos sus vidas, descubriremos cómo cada uno de ellos superó obstáculos insuperables, ya sea en el ámbito científico, político, social o cultural. Sus logros trascendieron las limitaciones de su tiempo y continúan inspirando a generaciones posteriores. A través de su ingenio, pasión y dedicación, estas celebres personas se convirtieron en verdaderos agentes de cambio, impulsando el progreso y dejando un legado perdurable.

Jesús de Nazaret

Jesús de Nazaret es una figura central en la historia mundial y la fundación del cristianismo. Y considerado por grandes y pequeños como el hombre más influyente de todos los tiempos.

Contexto histórico y biografía:

Jesús de Nazaret nació alrededor del año 4 a.C. en la región de Judea, que formaba parte del Imperio Romano. La mayoría de los detalles de su vida provienen de los evangelios del Nuevo Testamento de la Biblia, escritos por sus seguidores y otros escritos históricos de la época. Jesús creció en una familia judía y vivió en una sociedad influenciada tanto por la religión judía como por la ocupación romana.

Influencias y experiencias clave en su vida:

Jesús fue profundamente influenciado por la tradición religiosa judía, y se cree que estudió las escrituras y las enseñanzas de los profetas desde su niñez. A los treinta años, comenzó su ministerio público, predicando un mensaje de amor, perdón, justicia y salvación por todo Israel. Jesús tuvo seguidores devotos y realizó numerosos milagros, como sanar a los enfermos y resucitar a los muertos.

Contribuciones y logros que impactaron al mundo:

La principal contribución de Jesús fue la fundación del cristianismo, una de las religiones más influyentes en la historia de la humanidad. Sus enseñanzas, como el amor al prójimo, el perdón y la promesa de vida eterna, han tenido un impacto duradero en la moral y la ética occidentales. Jesús también estableció los sacramentos cristianos, como el bautismo y la Eucaristía, que siguen siendo fundamentales en la práctica religiosa cristiana hasta el día de hoy.

Legado y repercusiones duraderas:

El legado de Jesús ha trascendido siglos y continúa teniendo un impacto significativo en la civilización occidental y en muchas partes del mundo. El cristianismo se ha convertido en una de las religiones más extendidas y practicadas globalmente. Sus enseñanzas sobre el amor, la compasión y la igualdad han inspirado a innumerables personas a lo largo de la historia, y han sido fundamentales en la lucha por la justicia social y los derechos humanos. Además, la figura de Jesús ha sido objeto de adoración, estudio teológico y representación artística en diversas formas a lo largo de los siglos.

Es importante tener en cuenta que, más allá de la creencia religiosa, Jesús de Nazaret ha tenido un impacto cultural, filosófico y ético profundo en la humanidad, y su figura continúa siendo objeto de reflexión y debate actualmente.

El cristianismo es una de las religiones más grandes del mundo y cuenta con una gran cantidad de seguidores en diferentes denominaciones. A continuación, proporcionaré una estimación aproximada del número total de adherentes al cristianismo, teniendo en cuenta tanto a católicos como a protestantes:

Catolicismo: Según las estadísticas más recientes, la Iglesia Católica es la denominación cristiana más grande y cuenta con alrededor de 1400 millones de seguidores en todo el mundo.

Protestantismo: El protestantismo engloba una amplia variedad de denominaciones, incluyendo luteranos, bautistas, metodistas, presbiterianos, pentecostales, entre otros. Estas denominaciones protestantes en conjunto tienen aproximadamente unos 800 millones de seguidores, que al final, tienen un profundo amor hacia la figura de Jesús de Nazaret.

En resumen, sumando los seguidores católicos y protestantes, se estima que el cristianismo tiene alrededor de 2500 millones de adherentes en todo el mundo. Además, se estima que, a lo largo de la historia, habrían muerto, otros dos mil millones que estarían de acuerdo a las enseñanzas de Él. Por esto y más, Jesús es la figura histórica más influyente de la historia.

Mahoma

Mahoma, cuyo nombre completo es Muhammad Ibn Abd Allah, nació alrededor del año 570 en La Meca, en la región de la actual Arabia Saudita. Es considerado el último y principal profeta del islam. Mahoma recibió revelaciones divinas a través del ángel Gabriel, las cuales fueron recopiladas posteriormente en el Corán, el libro sagrado del islam. Su vida y enseñanzas dieron origen a la religión islámica, y posteriormente, sus múltiples ramificaciones.

Esposas y vida íntima:

Mahoma tuvo múltiples esposas a lo largo de su vida. Se estima que contrajo matrimonio con alrededor de 11 o 13 mujeres, pero el número exacto varía en diferentes fuentes históricas. Aisha, una de sus esposas, desempeñó un papel importante en la transmisión de los hadices (relatos de los dichos y acciones de Mahoma) y es considerada una figura prominente en el islam.

Datos curiosos y experiencias clave en su vida:

Durante su vida, Mahoma enfrentó diversos desafíos y persecuciones debido a su predicación y su llamado a la adoración de un solo Dios, el Islam. En el año 622, Mahoma y sus seguidores emigraron de La Meca a Medina, un evento conocido como la Hégira. Este hecho marcó el comienzo del calendario islámico, y el fortalecimiento de la comunidad musulmana.

Contribuciones y logros que impactaron el mundo:

Mahoma estableció las bases del islam, una de las religiones más extendidas en el mundo, con miles de millones de seguidores en la actualidad. Sus enseñanzas abarcan aspectos religiosos, éticos y legales, y han tenido un profundo impacto en la cultura, la sociedad y la política de muchas regiones.

Legado y repercusiones duraderas:

El legado de Mahoma es de gran importancia para los musulmanes, quienes lo consideran el último y más importante profeta enviado por Dios. Su enseñanza y ejemplo son fundamentales para la práctica del islam. Además, la expansión del islam bajo su liderazgo tuvo un impacto significativo en la historia mundial, influenciando aspectos políticos, sociales y culturales en diversas regiones.

La religión del islam, fundada por Mahoma en el siglo VII d.C., tiene actualmente, aproximadamente 1800 millones de seguidores en todo el mundo. Es una de las religiones más extendidas y cuenta con una base de fieles significativa en varios países y regiones del mundo, especialmente en el Medio Oriente, el norte de África, el sudeste asiático y partes de Europa.

A lo largo de su historia, el islam ha experimentado un crecimiento constante y también ha tenido períodos de expansión significativa. Desde su fundación hasta el presente, se estima ha tenido más de 4 mil millones de personas. Por tanto, su impacto ha sido significativo en la historia mundial. Y es por ello, que Mahoma es la segunda persona mas influyente de la historia.

Gautama Buda

Gautama también conocido simplemente como Buda, fue el fundador del budismo y una de las figuras más influyentes en la historia de la humanidad.

Contexto histórico y biografía:

Gautama Buda vivió en el siglo VI a.C. en la región del noreste de la India, en lo que hoy es Nepal. Nació en una familia noble y llevó una vida cómoda y privilegiada en su juventud. Sin embargo, a los 29 años, abandonó su vida de riqueza y lujo para emprender una búsqueda espiritual en busca de la verdad, y la liberación del sufrimiento humano.

Vida íntima y datos curiosos:

Gautama Buda abandonó su vida familiar y renunció a sus responsabilidades como esposo y padre en su búsqueda espiritual. Pasó varios años practicando la austeridad y la meditación, buscando la iluminación. Durante este tiempo, se dice que alcanzó el estado de Buda, que significa "el iluminado".

Influencias y experiencias clave en su vida:

La principal influencia en la vida de Buda fue su encuentro con el sufrimiento humano y su deseo de encontrar una solución para aliviarlo. Su experiencia de presenciar el sufrimiento, la enfermedad y la muerte, despertó en él una profunda compasión y una búsqueda de la verdad más allá de las enseñanzas religiosas y filosóficas convencionales de su época.

Contribuciones y logros que impactaron al mundo:

Gautama Buda fundó el budismo, una tradición espiritual y filosófica que se basa en sus enseñanzas sobre el sufrimiento humano y el camino hacia la liberación y la iluminación. Sus enseñanzas se centran en el "Noble Sendero Óctuple", que incluye prácticas como la comprensión correcta, el pensamiento correcto, la acción correcta y la meditación.

Buda transmitió sus enseñanzas a un amplio espectro de personas, desde monjes y monjas hasta reyes y mendigos. Su mensaje de compasión, sabiduría y liberación del sufrimiento resonó profundamente en aquellos que buscaban una respuesta a los desafíos de la existencia humana.

Legado y repercusiones duraderas:

El legado de Buda es inmenso. Su enseñanza del budismo se ha extendido a lo largo de los siglos y ha influido en millones de personas en todo el mundo. El budismo ha dejado una profunda huella en la cultura, la filosofía y la espiritualidad global.

El enfoque de Buda en la compasión, la no violencia y la búsqueda de la iluminación interior ha inspirado a numerosos individuos y ha generado movimientos sociales y filosóficos basados en sus enseñanzas. Además, el budismo ha influido en otras tradiciones espirituales y ha promovido el diálogo interreligioso y la búsqueda de la paz y la armonía.

La difusión global: A lo largo de los siglos, el budismo se ha extendido más allá de las fronteras de la India y ha llegado a diferentes partes de Asia, como China, Japón, Tíbet, Sri Lanka y Vietnam. Hoy en día, también se practica en diversas comunidades en Occidente.

Énfasis en la meditación: Buda enfatizó la práctica de la meditación como un medio para cultivar la atención plena y la comprensión profunda de la mente y la realidad. Su enfoque en la meditación ha influido en muchas tradiciones y enfoques contemporáneos de la meditación.

La búsqueda de la iluminación: La idea central en el budismo es la búsqueda de la iluminación o el despertar espiritual. Buda enseñó que cualquier persona puede alcanzar este estado a través de la comprensión de las Cuatro Nobles Verdades y siguiendo el Noble Sendero Óctuple.

Ética y moralidad: Las enseñanzas de Buda también enfatizan la importancia de vivir una vida ética y moral. El concepto de "karma" y la comprensión de las acciones y sus consecuencias son fundamentales en el budismo.

La filosofía de la impermanencia: Buda enseñó que todo en la vida es transitorio y sujeto al cambio. Esta visión de la impermanencia ha influido en la forma en que las personas perciben la realidad y en cómo abordan los desafíos y cambios en sus vidas.

En resumen, Gautama Buda fue un líder espiritual cuyas enseñanzas han tenido un impacto profundo en la espiritualidad, la filosofía y la cultura global. Su énfasis en la compasión, la sabiduría y la liberación del sufrimiento ha resonado a lo largo de los siglos y continúa inspirando a millones de personas en su búsqueda de una vida significativa y plena. Se estima que podría rebasar los 500 millones de personas actualmente, y de personas fallecidas a lo largo de la historia serían otros 1000 millones más, es por eso, que buda es la tercera persona más influente de la historia.

Albert Einstein

Albert Einstein, fue un físico teórico alemán de origen judío, nacido el 14 de marzo de 1879 en Ulm, Alemania. Su trabajo revolucionó nuestra comprensión del tiempo, el espacio, la gravedad y la energía, y es considerado uno de los científicos más influyentes de la historia.

En cuanto a su vida personal, Einstein contrajo matrimonio dos veces. Su primera esposa fue Mileva Marić, con quien tuvo tres hijos, y su segunda esposa fue Elsa Löwenthal. En cuanto a su vida íntima y detalles específicos sobre su sexualidad, no se disponen de registros detallados, y Einstein mantuvo una estricta privacidad en estos asuntos.

Algunos datos curiosos sobre Einstein incluyen su pasión por tocar el violín y su amor por la navegación a vela. También se dice que tenía un cabello desordenado y a menudo se le atribuye la frase "La imaginación es más importante que el conocimiento".

Las influencias y experiencias clave en la vida de Einstein incluyen el estudio de la física en la Universidad de Zúrich, donde se graduó en 1900. Durante su tiempo en la Oficina de Patentes de Suiza, publicó varios artículos científicos revolucionarios, incluido el famoso artículo sobre la teoría de la relatividad especial en 1905.

Las contribuciones y logros de Einstein que impactaron el mundo son numerosos. Su teoría de la relatividad especial y su famosa ecuación $E = mc^2$ cambiaron nuestra comprensión de la relación entre la energía y la masa, y sentaron las bases para el desarrollo de la física moderna. Su teoría de la relatividad general, publicada en 1915, proporcionó una nueva descripción de la gravedad y predijo la existencia de los agujeros negros.

El legado de Einstein y sus repercusiones duraderas son enormes. Sus ideas y descubrimientos han transformado nuestra comprensión del universo y han tenido aplicaciones prácticas en campos como la tecnología de los satélites, la energía nuclear y la cosmología. Además, Einstein fue un defensor del pacifismo y luchó por la igualdad y los derechos civiles. Su influencia va más allá de la ciencia, siendo un símbolo de genialidad y creatividad que inspira a generaciones de científicos y pensadores.

Abraham Lincoln fue el decimosexto presidente de los Estados Unidos, nacido el 12 de febrero de 1809 en Hodgenville, Kentucky. Su mandato presidencial se llevó a cabo durante un período crucial de la historia estadounidense: la Guerra Civil (1861-1865) y la abolición de la esclavitud.

En cuanto a su vida personal, Lincoln contrajo matrimonio con Mary Todd en 1842 y tuvieron cuatro hijos juntos. En cuanto a su vida íntima y detalles sobre su sexualidad, no se disponen de registros que indiquen que Lincoln tuviera relaciones románticas o sexuales con personas del mismo sexo, aunque ha habido algunas especulaciones y teorías al respecto.

Un dato curioso sobre Lincoln es que era conocido por su estatura, ya que medía alrededor de 1.93 metros. Además, era un hábil orador y se le atribuye el discurso más famoso de su carrera política, el Discurso de Gettysburg.

Las influencias y experiencias clave en la vida de Lincoln incluyen su crianza humilde en una familia de agricultores, su autodidactismo y su participación en la política. Antes de convertirse en presidente, Lincoln ejerció como abogado y se involucró en la política estatal de Illinois.

Las contribuciones y logros de Lincoln que impactaron el mundo son significativos. Como presidente, lideró a los Estados Unidos durante la Guerra Civil y desempeñó un papel crucial en la preservación de la Unión y la abolición de la esclavitud. Es recordado por su Proclamación de Emancipación de 1863, que declaró la libertad de los esclavos en los estados rebeldes, sentando las bases para la abolición total de la esclavitud en los Estados Unidos.

El legado de Lincoln y sus repercusiones duraderas son vastos. Su liderazgo durante la Guerra Civil y su lucha por la igualdad racial y la justicia han sido fundamentales en la historia de los Estados Unidos. Su imagen y sus ideales se han convertido en símbolos de la libertad y la democracia. Además, su asesinato en 1865 lo convirtió en un mártir nacional y contribuyó a su veneración como uno de los presidentes más destacados en la historia de Estados Unidos.

Leonardo da Vinci

Leonardo fue un destacado polímata italiano del Renacimiento, conocido por sus habilidades en la pintura, la escultura, la arquitectura, la música, la anatomía y la ingeniería.

Contexto histórico y biografía:

Leonardo da Vinci nació el 15 de abril de 1452 en Vinci, Italia. Vivió en una época de gran efervescencia artística y científica, conocida como el Renacimiento. Da Vinci fue aprendiz en el taller del pintor Andrea del Verrocchio y desarrolló su propio estilo artístico caracterizado por su realismo, profundidad y maestría técnica.

Vida íntima y datos curiosos:

No se tiene constancia de que Leonardo da Vinci haya tenido una esposa o hijos. Aunque se conocen pocos detalles sobre su vida íntima, se cree que fue homosexual, basándose en algunos de sus escritos y dibujos personales. Además de su destacada habilidad artística, también se dedicó a la anatomía y realizó numerosos estudios detallados del cuerpo humano.

Influencias y experiencias clave en su vida:

Da Vinci fue influenciado por el entorno cultural del Renacimiento italiano, así como por figuras destacadas de su época, incluyendo a los pintores Andrea del Verrocchio y Sandro Botticelli. Además, su curiosidad y su mente inquisitiva lo llevaron a estudiar una amplia variedad de disciplinas, desde la anatomía hasta la ingeniería y la astronomía.

Contribuciones y logros que impactaron al mundo:

Leonardo da Vinci dejó un legado impresionante tanto en el ámbito artístico como en el científico. Sus pinturas más famosas, como "La Última Cena" y "La Mona Lisa", han dejado una huella perdurable en la historia del arte. Sus obras mostraron una maestría técnica sin precedentes y un enfoque innovador en el uso de la perspectiva y la representación de la figura humana.

Además de su contribución artística, da Vinci realizó numerosos descubrimientos y diseños en campos como la anatomía, la física, la ingeniería y la arquitectura. Sus cuadernos contienen una gran cantidad de bocetos e ideas innovadoras, desde diseños de máquinas voladoras hasta estudios detallados de la anatomía humana.

Legado y repercusiones duraderas:

El legado de Leonardo da Vinci es innegable en la historia del arte y la ciencia. Su enfoque multidisciplinario y su capacidad para combinar la creatividad artística con la observación científica sentaron las bases para el Renacimiento y para posteriores avances en campos como la anatomía, la ingeniería y la astronomía.

Su visión interdisciplinaria y su curiosidad insaciable siguen siendo una fuente de inspiración para artistas y científicos en la actualidad. Da Vinci demostró la importancia de combinar la creatividad con el conocimiento científico para lograr avances significativos en diferentes campos.

Mahatma Gandhi

Fue un líder político y espiritual indio, conocido por su papel en la lucha por la independencia de la India y su defensa de la no violencia.

Contexto histórico y biografía:

Mohandas Karamchand Gandhi nació el 2 de octubre de 1869 en Porbandar, una ciudad en el estado de Gujarat, India. Gandhi creció en una familia hindú y se educó en derecho en Londres. Tras regresar a la India, Gandhi se convirtió en un líder político y defensor de los derechos civiles, liderando movimientos y campañas no violentas para la independencia de la India del dominio británico.

Esposa y vida íntima:

Gandhi contrajo matrimonio con Kasturba Makhanji a los 13 años de edad, en un matrimonio arreglado. Kasturba fue una compañera leal de Gandhi y también se convirtió en una activista por los derechos civiles. Tuvieron cuatro hijos juntos, pero su vida familiar estuvo marcada por las demandas de la lucha política y la vida comunitaria.

Influencias y experiencias clave en su vida:

Gandhi fue influenciado por varias filosofías y religiones, incluyendo el hinduismo, el jainismo, el cristianismo y las enseñanzas de figuras como Henry David Thoreau y Leo Tolstoy. La discriminación racial que experimentó en Sudáfrica y su encuentro con el movimiento de derechos civiles en ese país fueron experiencias clave que lo llevaron a desarrollar su filosofía de resistencia no violenta y desobediencia civil.

Contribuciones y logros que impactaron al mundo:

Gandhi es conocido por su liderazgo en la lucha por la independencia de la India utilizando tácticas de resistencia no violenta. Su filosofía de la "Satyagraha" (firmeza en la verdad) se convirtió en un método poderoso para luchar contra la injusticia y la opresión. Gandhi organizó campañas de desobediencia civil, boicoteo de productos británicos y huelgas de hambre para promover la libertad y los derechos civiles.

Legado y repercusiones duraderas:

El legado de Gandhi ha dejado una huella profunda en la historia y la política mundial. Su enfoque en la no violencia y la resistencia pacífica ha influido en líderes y movimientos en todo el mundo, como Martin Luther King Jr. y Nelson Mandela. Gandhi también abogó por la igualdad social, la justicia económica y la armonía religiosa. Su visión de una India independiente y unida se hizo realidad en 1947, cuando el país logró su independencia.

El legado de Gandhi trasciende su papel en la independencia de la India. Su filosofía y métodos de no violencia continúan siendo inspiración para la lucha por los derechos humanos, la justicia social y la paz en todo el mundo. Gandhi es reconocido internacionalmente como un ícono de la resistencia pacífica y su mensaje de amor, tolerancia y compasión sigue resonando en la actualidad

Además, Gandhi abogó por la igualdad de género y la emancipación de las mujeres, luchando por su participación plena en la sociedad. También defendió la protección del medio ambiente y la sostenibilidad, reconociendo la interconexión entre los seres humanos y la naturaleza.

En resumen, Mahatma Gandhi dejó un legado significativo en la historia al liderar la lucha pacífica por la independencia de la India y al promover la no violencia como una forma efectiva de resistencia contra los sistemas desiguales y tiránicos. Su mensaje de amor, tolerancia, justicia social y resistencia pacífica continúa siendo relevante y su figura es admirada como un símbolo de la lucha por la libertad y la paz en todo el mundo.

Martin Luther King Jr.

Fue un destacado líder del movimiento por los derechos civiles en Estados Unidos.

Contexto histórico y biografía:

Martin Luther King Jr. nació el 15 de enero de 1929 en Atlanta, Georgia, en un período de segregación racial y discriminación en Estados Unidos. Fue pastor baptista y se convirtió en un destacado defensor de los derechos civiles, liderando numerosas protestas pacíficas para combatir la injusticia y la segregación racial.

Vida íntima y datos curiosos:

Martin Luther King Jr. se casó con Coretta Scott King en 1953, y tuvieron cuatro hijos juntos. Aunque es conocido principalmente por su liderazgo en el movimiento por los derechos civiles, también fue un padre dedicado y esposo comprometido.

Influencias y experiencias clave en su vida:

La infancia de King y su educación en el sur segregado de Estados Unidos, así como las enseñanzas de su padre y su madre, influyeron en su visión de la igualdad y la justicia. También se vio influenciado por el activismo de figuras como Mahatma Gandhi y Henry David Thoreau, quienes promovieron la resistencia pacífica y la desobediencia civil como medios para el cambio social.

Contribuciones y logros que impactaron al mundo:

Martin Luther King Jr. fue el principal líder del movimiento por los derechos civiles en Estados Unidos. Su famoso discurso "Tengo un sueño" durante la Marcha en Washington en 1963 se convirtió en un símbolo de la lucha por la igualdad racial y la justicia. Su lucha no violenta y su defensa de los derechos civiles inspiraron a millones de personas y fueron fundamentales para la aprobación de leyes importantes, como la Ley de Derechos Civiles de 1964 y la Ley de Derecho al Voto de 1965.

Legado y repercusiones duraderas:

El legado de Martin Luther King Jr. perdura en la lucha por la igualdad y la justicia en todo el mundo. Su valentía y liderazgo pacífico han sido fuente de inspiración para movimientos sociales y líderes en diversas causas. Su enfoque en la no violencia, la justicia y el amor fraternal continúa resonando en la lucha por los derechos humanos.

Además, King también abogó por la eliminación de la pobreza y la promoción de la igualdad económica, y su mensaje sobre la interconexión de las luchas por la raza, la clase y la justicia social sigue siendo relevante en la actualidad.

En resumen, Martin Luther King Jr. fue un líder carismático y pacifista cuyo compromiso con la igualdad racial y la justicia social tuvo un impacto significativo en la lucha por los derechos civiles en Estados Unidos. Su legado de resistencia no violenta y su visión de un mundo más justo continúan inspirando a las generaciones actuales en su búsqueda de la igualdad y la justicia.

Confucio

Cuyo nombre real era Kong Qiu, fue un filósofo y educador chino que vivió durante el período de la Dinastía Zhou en el siglo V a.C.

Contexto histórico y biografía:

Confucio nació en 551 a.C. en la ciudad de Qufu, en la actual provincia de Shandong, China. Vivió en una época de agitación política y social, conocida como el Período de los Reinos Combatientes, caracterizado por la guerra y la fragmentación política. Confucio se esforzó por restaurar la armonía social y promover la estabilidad a través de la ética y la educación.

Vida íntima y datos curiosos:

Se sabe poco sobre la vida íntima de Confucio. Se casó y tuvo varios hijos, pero no se conocen detalles específicos sobre su vida familiar o romántica. Confucio se centró en sus estudios y en su misión de transmitir sus enseñanzas a sus discípulos y a futuras generaciones.

Influencias y experiencias clave en su vida:

Confucio se vio influenciado por las tradiciones y filosofías chinas antiguas, como el confucianismo y el taoísmo. También estudió y se inspiró en las prácticas sociales y políticas de la época, buscando formas de mejorar la sociedad a través de la moral y la rectitud.

Contribuciones y logros que impactaron al mundo:

Las enseñanzas de Confucio, recopiladas en el libro conocido como "Analectas", se centran en la ética, la moral y la virtud personal. Propugnaba la importancia de las relaciones familiares armoniosas, la lealtad hacia el gobierno y el respeto hacia los mayores. Su influencia en la educación y la formación moral ha perdurado durante siglos en la cultura china.

Legado y repercusiones duraderas:

El legado de Confucio ha tenido un impacto significativo en la sociedad china y en muchas otras culturas de Asia oriental. Sus enseñanzas se convirtieron en la base del confucianismo, una filosofía que influyó en la política, la moralidad y la educación en China durante siglos. Sus ideas sobre la armonía social, la virtud y la ética continúan siendo estudiadas y debatidas en la actualidad.

Además, las enseñanzas de Confucio también han influido en la formación de sistemas educativos y en la promoción de los valores morales en diversas sociedades. Su énfasis en la rectitud, el respeto y la sabiduría ha dejado una huella duradera en el pensamiento y la cultura en todo el mundo.

Winston Churchill

Fue un político británico y líder durante la Segunda Guerra Mundial.

Contexto histórico y biografía:

Winston Churchill nació el 30 de noviembre de 1874 en Woodstock, Oxfordshire, Reino Unido. Vivió en una época de importantes cambios geopolíticos, incluyendo el auge del imperialismo británico y los desafíos políticos de las dos guerras mundiales. Churchill ocupó diversos cargos políticos a lo largo de su vida, incluyendo el de Primer Ministro del Reino Unido en dos ocasiones.

Vida íntima y datos curiosos:

Churchill contrajo matrimonio con Clementine Hozier en 1908, y tuvieron cinco hijos juntos. Aunque hay pocos detalles sobre su vida íntima, se sabe que Churchill fue un escritor prolífico y un ávido pintor. Además, Churchill era conocido por su pasión por los habanos y su gusto por el whisky.

Influencias y experiencias clave en su vida:

Churchill creció en un ambiente político, ya que su padre también era político. Sus experiencias en el ejército y su participación en la Primera Guerra Mundial le dieron una visión única de los desafíos y peligros de la guerra. También se vio influenciado por la historia y la literatura, y adquirió un profundo conocimiento de la política y la estrategia.

Contribuciones y logros que impactaron al mundo:

Durante la Segunda Guerra Mundial, Churchill fue una figura clave en la resistencia británica contra la Alemania nazi. Sus discursos inspiradores y su liderazgo firme dieron esperanza a la población británica en tiempos difíciles. Además, Churchill desempeñó un papel crucial en la formación de la coalición aliada y en la planificación estratégica de la guerra.

Legado y repercusiones duraderas:

El legado de Churchill se encuentra en su liderazgo durante la Segunda Guerra Mundial y su papel en la defensa de los valores democráticos. Sus discursos y su determinación han dejado una impresión duradera en la historia. Churchill también se destacó por su visión geopolítica y su defensa de la cooperación internacional, lo que contribuyó a la formación de organizaciones como las Naciones Unidas.

Además, Churchill fue reconocido con el Premio Nobel de Literatura en 1953 por su maestría en la oratoria y la escritura histórica. Sus obras literarias, como "La Segunda Guerra Mundial" y "Historia de los Pueblos de Habla Inglesa", han sido ampliamente leídas y estudiadas. En resumen, Winston Churchill fue un destacado líder político británico cuyo liderazgo durante la Segunda Guerra Mundial y sus contribuciones a la defensa de los valores democráticos dejaron un legado duradero. Su firmeza, su oratoria inspiradora y su compromiso con la paz y la cooperación internacional continúan siendo ejemplos relevantes en la actualidad.

Alejandro Magno, también conocido como Alejandro III de Macedonia, fue un destacado líder militar y político que vivió en el siglo IV a.C. A continuación, te proporcionaré información sobre su contexto histórico y biografía, su vida íntima, datos curiosos, influencias y experiencias clave, sus contribuciones y logros, así como su legado duradero:

Contexto histórico y biografía:

Alejandro Magno nació el 20 de julio de 356 a.C. en Pella, Macedonia. Fue el hijo del rey Filipo II de Macedonia y heredó el trono a la edad de 20 años, tras el asesinato de su padre. Su reinado se caracterizó por una serie de campañas militares que llevaron a la expansión del Imperio Macedonio hacia Asia, llegando hasta Egipto y la India.

Vida íntima y datos curiosos:

En cuanto a su vida íntima, Alejandro Magno se casó en tres ocasiones. Su primera esposa fue Roxana, princesa bactriana, con quien tuvo un hijo llamado Alejandro IV. También se le atribuyen relaciones íntimas con hombres, lo que era común en la cultura macedonia de la época.

Influencias y experiencias clave en su vida:

La mayor influencia en la vida de Alejandro Magno fue su padre, Filipo II, quien lo educó en las artes, la filosofía y la guerra. También recibió enseñanzas del famoso filósofo griego Aristóteles. Estas influencias le proporcionaron una educación integral y le ayudaron a desarrollar habilidades de liderazgo, estrategia militar y pensamiento político.

Contribuciones y logros que impactaron al mundo:

El mayor logro de Alejandro Magno fue la creación de uno de los imperios más grandes de la historia. Su audaz campaña militar conquistó gran parte del mundo conocido en su época, desde Grecia y Egipto hasta Persia, India y más allá. Su táctica militar innovadora y su capacidad para unir a sus tropas lo convirtieron en uno de los líderes militares más exitosos de la historia.

Legado y repercusiones duraderas:

El legado de Alejandro Magno fue significativo tanto en el ámbito político como cultural. Su conquista extendió la cultura griega helenística por todo su imperio, influyendo en la arquitectura, el arte y la literatura de las regiones conquistadas. Además, su legado político sentó las bases para el surgimiento de los reinos helenísticos después de su muerte.

Alejandro Magno también es recordado como un líder visionario que buscaba la unificación de diferentes culturas y la difusión del conocimiento. Fundó numerosas ciudades, muchas de las cuales llevaban su nombre, como Alejandría en Egipto, que se convirtió en un importante centro cultural y comercial.

En resumen, Alejandro Magno fue un líder militar y político destacado cuyas conquistas y ambiciones transformaron el mundo conocido en su época. Su legado duradero se refleja en la expansión del Imperio Macedonio, la difusión de la cultura griega y su influencia en la política y la sociedad en la era helenística.

Aristóteles

Fue un filósofo y científico griego que vivió en el siglo IV a.C.

Contexto histórico y biografía:

Aristóteles nació en el año 384 a.C. en la ciudad de Estagira, en la antigua Macedonia. Fue discípulo de Platón y posteriormente se convirtió en tutor del joven Alejandro Magno. Desarrolló sus enseñanzas y escribió extensamente sobre una amplia gama de temas, incluyendo filosofía, ética, política, lógica, biología y física.

Vida íntima y datos curiosos:

En cuanto a su vida íntima, Aristóteles se casó dos veces. Su primera esposa fue Pitia, con quien tuvo una hija llamada Pythias. Después de enviudar, se casó con una mujer llamada Herpyllis, con quien tuvo un hijo llamado Nicómaco. Además, se sabe que Aristóteles fundó su propia escuela, el Liceo, donde impartió clases y dirigió investigaciones.

Influencias y experiencias clave en su vida:

Aristóteles fue influido en gran medida por su maestro, Platón, quien a su vez fue discípulo de Sócrates. La filosofía de Aristóteles se basó en el pensamiento de estos dos grandes filósofos. Además, su tiempo como tutor de Alejandro Magno le permitió obtener experiencias en política y liderazgo, que influyeron en sus ideas sobre la organización de la sociedad.

Contribuciones y logros que impactaron al mundo:

Las contribuciones de Aristóteles son vastas y abarcan diversos campos del conocimiento. Fue uno de los primeros en desarrollar un sistema lógico formal y su obra "Organon" sentó las bases de la lógica clásica. Sus escritos sobre ética y política, como "Ética a Nicómaco" y "Política", continúan siendo referencias importantes en esos campos.

En el campo de las ciencias naturales, Aristóteles realizó investigaciones y clasificaciones detalladas en áreas como la biología y la zoología. Sus obras, como "Historia de los Animales" y "De Anima", sentaron las bases para el estudio sistemático de la vida y la mente.

Legado y repercusiones duraderas:

El legado de Aristóteles es inmenso y ha perdurado a lo largo de los siglos. Sus enseñanzas y escritos han sido estudiados y debatidos continuamente, influyendo en campos como la filosofía, la ética, la política, la lógica y las ciencias naturales. Su enfoque lógico y sistemático ha tenido un impacto duradero en el pensamiento occidental y ha sentado las bases de muchas disciplinas académicas.

Además, Aristóteles fundó el Liceo, que se convirtió en un importante centro de estudios y enseñanza. Sus discípulos, conocidos como peripatéticos, continuaron su legado y difundieron sus ideas

Aristóteles también estableció el método de la observación y clasificación sistemática en el estudio de la naturaleza, sentando las bases para la posterior investigación científica. Sus contribuciones en biología, zoología y otras áreas científicas han dejado una huella duradera en la comprensión del mundo natural.

Isaac Newton

(1643-1727) fue un destacado científico, matemático y físico inglés que realizó contribuciones fundamentales en los campos de la física, las matemáticas y la astronomía.

Contexto histórico:

Isaac Newton vivió en una época conocida como la era de la Ilustración y el Renacimiento científico. Nació el 25 de diciembre de 1643 en Woolsthorpe, Inglaterra, durante el reinado de Carlos I. Su vida y obra se desarrollaron en un momento de grandes cambios intelectuales y científicos.

Biografía:

Newton creció en una granja y mostró un gran talento para las matemáticas desde joven. Estudió en la Universidad de Cambridge y se convirtió en profesor en el Trinity College. Durante su vida, Newton nunca contrajo matrimonio y se le considera soltero.

Vida íntima:

La vida personal de Newton ha sido objeto de especulación y debate. Se sabe que fue una persona introvertida y obsesionada con su trabajo científico. Pasaba largas horas inmerso en sus investigaciones y experimentos, lo que le llevó a descuidar otras áreas de su vida.

Datos curiosos:

Newton experimentó una crisis nerviosa en su juventud y se retiró de la vida pública durante un período.

Era conocido por su personalidad difícil y conflictos con otros científicos de la época, como Robert Hooke y Gottfried Leibniz.

Newton fue miembro del Parlamento británico durante un breve periodo.

Además de sus contribuciones científicas, Newton también se interesó por la alquimia y la teología.

Influencias y experiencias clave:

Newton se vio influenciado por los trabajos de científicos anteriores, como Galileo Galilei, Johannes Kepler y René Descartes. Estas influencias le llevaron a desarrollar su famosa teoría de la gravitación universal y las leyes del movimiento, que revolucionaron la física.

Contribuciones y logros:

Formuló las leyes del movimiento, conocidas como las Leyes de Newton, que son fundamentales para la física clásica.

Desarrolló la teoría de la gravitación universal, explicando la atracción entre los cuerpos celestes.

Realizó importantes avances en matemáticas, especialmente en cálculo diferencial e integral.

Fue el primero en descomponer la luz blanca en un espectro de colores mediante un prisma, sentando las bases de la óptica moderna.

Legado y repercusiones duraderas:

El legado de Isaac Newton es innegable. Sus descubrimientos sentaron las bases de la física moderna y transformaron nuestra comprensión del mundo natural. Su enfoque científico basado en la observación, la experimentación y el razonamiento lógico sentó las bases del método científico y ha influido en generaciones de científicos desde entonces. Sus ideas y teorías continúan siendo fundamentales en muchos campos de la ciencia y su nombre está asociado con el genio y la revolución científica.

Louis Pasteur

Nacido el 27 de diciembre de 1822 en Dole, Francia, y fallecido el 28 de septiembre de 1895 en Marnes-la-Coquette, fue un científico y químico notable por sus contribuciones a la microbiología y la medicina.

En cuanto a su vida personal, Pasteur contrajo matrimonio con Marie Laurent en 1849, con quien tuvo cinco hijos. En términos de su vida íntima, no se disponen de muchos detalles al respecto, ya que no es un aspecto ampliamente documentado.

Pasteur vivió en un contexto histórico en el que la medicina y la ciencia estaban experimentando un rápido desarrollo. Fue influenciado por el descubrimiento de la teoría de los gérmenes y la idea de que los microorganismos eran la causa de muchas enfermedades. Sus experiencias clave incluyeron su trabajo en la fermentación, la vacunación y la esterilización.

Sus contribuciones y logros más destacados incluyen el desarrollo de la técnica de pasteurización, que permitía la conservación de alimentos y la prevención de enfermedades transmitidas por alimentos contaminados. También desarrolló vacunas para enfermedades como la rabia y el ántrax, sentando las bases de la inmunización moderna.

El legado de Louis Pasteur es de gran importancia en el campo de la medicina y la microbiología. Sus descubrimientos revolucionaron la comprensión de las enfermedades infecciosas y sentaron las bases para el desarrollo de la microbiología moderna. Su enfoque científico riguroso y sus contribuciones a la medicina han salvado innumerables vidas y han tenido un impacto duradero en la salud pública.

Además, Pasteur fue uno de los primeros científicos en reconocer la importancia de la divulgación científica y la aplicación práctica de los descubrimientos científicos en beneficio de la sociedad. Su trabajo y dedicación a la ciencia han dejado un legado perdurable y han sentado las bases para el avance científico y médico en todo el mundo.

Nelson Mandela

Fue un líder sudafricano y una figura emblemática en la lucha contra el apartheid.

Contexto histórico y biografía:

Nelson Mandela nació el 18 de julio de 1918 en Mvezo, Sudáfrica. Vivió en una época en la que Sudáfrica estaba marcada por la discriminación racial y la política del apartheid, un sistema de segregación racial institucionalizado. Mandela se convirtió en un defensor incansable de la igualdad y la justicia para todos los sudafricanos, independientemente de su raza.

Vida íntima y datos curiosos:

Nelson Mandela se casó en tres ocasiones. Su primera esposa fue Evelyn Mase, con quien tuvo cuatro hijos. Posteriormente, se casó con Winnie Madikizela, con quien tuvo dos hijas. Su tercer matrimonio fue con Graça Machel, viuda del expresidente de Mozambique, Samora Machel. Mandela fue padre, abuelo y bisabuelo, y su familia desempeñó un papel importante en su lucha y legado.

Influencias y experiencias clave en su vida:

La experiencia de Mandela de crecer en una Sudáfrica segregada y su encuentro con la discriminación racial influyeron en su compromiso con la lucha por la igualdad. Su experiencia como líder del Congreso Nacional Africano (ANC), su encarcelamiento durante 27 años y su relación con otros líderes políticos y activistas de derechos civiles fueron experiencias clave que forjaron su determinación y su visión de un Sudáfrica libre y democrático.

Contribuciones y logros que impactaron al mundo:

La contribución más destacada de Nelson Mandela fue su liderazgo en la lucha contra el apartheid y su papel en la transición pacífica de Sudáfrica hacia la democracia. Después de ser liberado de prisión en 1990, Mandela desempeñó un papel crucial en las negociaciones para poner fin al apartheid y se convirtió en el primer presidente negro de Sudáfrica en 1994.

Legado y repercusiones duraderas:

El legado de Nelson Mandela se caracteriza por su incansable lucha por la justicia y la igualdad. Su liderazgo inspiró a personas en todo el mundo y se convirtió en un símbolo de la resistencia pacífica y la reconciliación. Su enfoque en la reconciliación nacional y la promoción de la unidad y la igualdad racial ayudó a evitar una guerra civil y sentó las bases para la construcción de una Sudáfrica democrática y multicultural.

Mandela recibió numerosos premios y reconocimientos internacionales, incluido el Premio Nobel de la Paz en 1993, en reconocimiento a su contribución a la resolución pacífica del conflicto en Sudáfrica. Su legado continúa inspirando a líderes y activistas de todo el mundo en la lucha por la justicia social y los derechos humanos.

Sócrates

Fue un filósofo griego que vivió en Atenas durante el siglo V a.C.

Contexto histórico y biografía:

Sócrates nació alrededor del año 470 a.C. en Atenas, Grecia, durante un período de florecimiento cultural y político conocido como la Edad de Oro de Atenas. Aunque no dejó registros escritos, su filosofía y enseñanzas fueron transmitidas a través de los escritos de sus discípulos, especialmente Platón.

Vida íntima y datos curiosos:

En cuanto a su vida íntima, Sócrates estuvo casado con Jantipa y tuvo tres hijos con ella. Se dice que su matrimonio no fue convencional y que Jantipa era una mujer temperamental. Además, Sócrates tuvo relaciones cercanas y duraderas con varios de sus discípulos, incluido Platón.

Datos curiosos sobre Sócrates incluyen su estilo de enseñanza, conocido como el "método socrático", que se basaba en hacer preguntas y desafiar las creencias establecidas. También se le atribuye la frase "Solo sé que no sé nada", que refleja su humildad intelectual y su búsqueda constante de conocimiento.

Influencias y experiencias clave en su vida:

Sócrates se vio influenciado por varios pensadores y corrientes filosóficas de su época, como los sofistas y la filosofía de Heráclito y Parménides. Sin embargo, fue su encuentro con el Oráculo de Delfos y su interpretación de su mensaje, que lo designó como el hombre más sabio de Atenas, lo que lo llevó a cuestionar las creencias y conocimientos establecidos.

Contribuciones y logros que impactaron al mundo:

Sócrates no dejó ninguna obra escrita, pero su método de indagación y su enfoque en la búsqueda de la verdad y el conocimiento tuvieron un impacto significativo en la filosofía occidental. Su estilo de enseñanza y su insistencia en examinar las creencias y cuestionar los supuestos sentaron las bases para el pensamiento crítico y la filosofía sistemática.

Además, Sócrates fue un defensor de la ética y la virtud. Creía en la importancia de la autorreflexión y la autodisciplina para alcanzar la excelencia moral. Sus discusiones sobre la justicia, la virtud y la naturaleza del ser humano influyeron en generaciones de filósofos posteriores.

Legado y repercusiones duraderas:

El legado de Sócrates radica en su enfoque en la búsqueda de la verdad y la virtud, así como en su método de indagación. Aunque fue condenado a muerte por "corromper a la juventud" y "no reconocer a los dioses de la ciudad", su figura y sus enseñanzas han perdurado a lo largo de los siglos.

Sócrates sentó las bases para el desarrollo de la filosofía occidental y ha sido una figura influyente en el pensamiento filosófico hasta el día de hoy. Sus enseñanzas y su método de indagación han sido estudiados y discutidos por filósofos a lo largo de los siglos, y su enfoque en el autoconocimiento, la ética y la búsqueda de la verdad continúa siendo relevante en la filosofía contemporánea.

Galileo Galilei

Fue un científico italiano que vivió durante el siglo XVI y XVII.

Contexto histórico y biografía:

Galileo Galilei nació el 15 de febrero de 1564 en Pisa, Italia, en una época conocida como el Renacimiento. Fue contemporáneo de grandes figuras como Leonardo da Vinci y Miguel Ángel. Galileo se destacó como astrónomo, físico y matemático, y se le considera uno de los padres de la ciencia moderna.

Vida íntima y datos curiosos:

En cuanto a su vida íntima, Galileo fue célibe y se dedicó por completo a sus estudios y a su carrera científica. Sin embargo, tuvo tres hijos ilegítimos con Marina Gamba, una mujer veneciana con la que mantuvo una relación durante muchos años.

Datos curiosos sobre Galileo incluyen su invención del telescopio astronómico, con el cual realizó importantes observaciones del cielo y descubrió fenómenos como las lunas de Júpiter. También se le atribuye la formulación de la ley de caída de los cuerpos y el estudio de la cinemática.

Influencias y experiencias clave en su vida:

Galileo fue influenciado por la filosofía natural de la antigua Grecia, especialmente por las ideas de Arquímedes y Copérnico. Sus estudios y observaciones en astronomía y física lo llevaron a desafiar las creencias tradicionales y a cuestionar el sistema geocéntrico, que sostenía que la Tierra estaba en el centro del universo.

Contribuciones y logros que impactaron al mundo:

Galileo realizó numerosos descubrimientos y contribuciones significativas a la ciencia. Sus observaciones astronómicas respaldaron la teoría heliocéntrica de Copérnico, que afirmaba que los planetas giran alrededor del Sol. Su defensa de esta teoría y su enfrentamiento con la Iglesia Católica le llevaron a ser juzgado por herejía y condenado a arresto domiciliario por el resto de su vida.

Galileo también sentó las bases del método científico moderno al promover la experimentación, la observación y la formulación de hipótesis como herramientas para comprender el mundo natural. Su enfoque en la aplicación de las matemáticas a la física también fue revolucionario y abrió nuevas puertas para el estudio de los fenómenos naturales.

Legado y repercusiones duraderas:

El legado de Galileo se encuentra en su contribución a la revolución científica y en su defensa de la libertad de pensamiento y la autonomía de la ciencia. Su lucha por establecer la primacía de la evidencia científica y la observación empírica sentó las bases para el pensamiento científico moderno y ha tenido un impacto duradero en el desarrollo de la ciencia y la sociedad.

Sus contribuciones incluyen el perfeccionamiento del telescopio, la observación de las fases de Venus y las lunas de Júpiter, y la formulación de la ley de caída de los cuerpos. Además, su enfoque en el método científico, basado en la experimentación y la observación, sentó las bases de la ciencia moderna y tuvo un impacto duradero en el desarrollo de disciplinas como la física y la astronomía.

El legado de Galileo se extiende más allá de sus descubrimientos científicos. Su defensa de la autonomía de la ciencia y su lucha por la libertad intelectual sentaron las bases para el pensamiento científico moderno y la separación entre la religión y la ciencia. Su valentía y perseverancia han inspirado a generaciones posteriores de científicos y defensores de la razón y el conocimiento basado en la evidencia.

Henry Ford

Nacido el 30 de julio de 1863 en Wayne County, Míchigan, y fallecido el 7 de abril de 1947 en Dearborn, Míchigan, fue un empresario y pionero de la industria automotriz estadounidense.

En cuanto a su vida personal, Ford contrajo matrimonio con Clara Ford en 1888, con quien tuvo un hijo llamado Edsel Ford. En términos de su vida íntima, no se disponen de muchos detalles al respecto, ya que no es un aspecto ampliamente documentado.

Ford vivió en un contexto histórico en el que la industria y la tecnología estaban experimentando un rápido crecimiento. Fue influenciado por el desarrollo de la tecnología automotriz y la creciente demanda de transporte personal. Experimentó con diferentes ideas y enfoques para mejorar la producción de automóviles.

Sus contribuciones y logros más destacados se centran en la industria automotriz. Ford fue el fundador de Ford Motor Company en 1903 y es reconocido por haber introducido la línea de montaje en la producción en masa de automóviles. Su modelo de automóvil popular, el Ford T, revolucionó la industria y se convirtió en el primer automóvil accesible para la clase trabajadora estadounidense.

El legado de Henry Ford se extiende más allá de la industria automotriz. Su enfoque en la producción eficiente y en masa sentó las bases para la producción en serie en diversas industrias. Además, su visión de hacer que los automóviles fueran asequibles para las masas transformó la movilidad y cambió la forma en que las personas se desplazaban.

Sin embargo, Ford también ha sido objeto de críticas debido a sus posturas y acciones controvertidas, como su antisemitismo y su apoyo a movimientos políticos y sociales cuestionables.

En resumen, Henry Ford fue un empresario visionario que revolucionó la industria automotriz y dejó un impacto duradero en la producción en masa y la movilidad. Su legado se encuentra tanto en el ámbito empresarial como en el social, aunque también es recordado por sus polémicas opiniones y acciones.

William Shakespeare

Fue un reconocido dramaturgo y poeta inglés que vivió durante el siglo XVI y principios del siglo XVII.

Contexto histórico y biografía:

Shakespeare nació en Stratford-upon-Avon, Inglaterra, en 1564. Su época, conocida como el Renacimiento inglés, fue un período de florecimiento cultural y artístico en Inglaterra. Shakespeare vivió durante el reinado de la Reina Isabel I y el posterior reinado del Rey Jacobo I. Fue contemporáneo de figuras como Francis Bacon y Miguel de Cervantes.

Vida íntima y datos curiosos:

Shakespeare contrajo matrimonio con Anne Hathaway en 1582, y tuvieron tres hijos juntos. Sin embargo, se sabe muy poco sobre su vida íntima y detalles específicos sobre su relación con su esposa.

En cuanto a datos curiosos, Shakespeare escribió alrededor de 39 obras teatrales, incluyendo tragedias, comedias, historias y sonetos. Además, se cree que inventó alrededor de 1,700 palabras en inglés, muchas de las cuales aún se utilizan en la actualidad.

Influencias y experiencias clave en su vida:

Las influencias de Shakespeare fueron variadas e incluyeron tanto la literatura clásica, como las obras de Plutarco y Ovidio, como también las tradiciones teatrales populares de su época. Su experiencia como actor y dramaturgo en la compañía de teatro "Lord Chamberlain's Men" también influyó en su estilo de escritura y en su comprensión del arte dramático.

Contribuciones y logros que impactaron al mundo:

Las obras de Shakespeare han tenido un impacto significativo en la literatura y el teatro a nivel mundial. Sus obras exploran una amplia gama de temas universales como el amor, la traición, la ambición y la naturaleza humana. Sus personajes complejos y sus diálogos poéticos han sido objeto de estudio y admiración a lo largo de los siglos.

Algunas de sus obras más conocidas incluyen "Romeo y Julieta", "Hamlet", "Macbeth", "Otelo" y "El sueño de una noche de verano". Su habilidad para capturar las emociones y los conflictos humanos en sus obras lo convierte en uno de los dramaturgos más importantes de todos los tiempos.

Legado y repercusiones duraderas:

El legado de Shakespeare perdura hasta el día de hoy. Sus obras se siguen representando en teatros de todo el mundo y se han adaptado a diversas formas artísticas, como el cine y la televisión. Sus personajes y sus frases icónicas han dejado una marca indeleble en la cultura popular. Además, Shakespeare ha influido en numerosos escritores y artistas posteriores. Su estilo literario, su dominio del lenguaje y su exploración de temas universales han inspirado a generaciones de escritores y han dejado una huella imborrable en la literatura y el teatro.

Thomas Edison

Nacido el 11 de febrero de 1847 en Milan, Ohio, y fallecido el 18 de octubre de 1931 en West Orange, Nueva Jersey, fue un inventor y empresario estadounidense conocido por sus numerosas invenciones y contribuciones al campo de la electricidad y la iluminación.

En cuanto a su vida personal, Edison contrajo matrimonio en dos ocasiones. Su primera esposa fue Mary Stilwell, con quien tuvo tres hijos, pero lamentablemente, ella falleció en 1884. Posteriormente, Edison contrajo matrimonio con Mina Miller, con quien tuvo tres hijos más.

Edison vivió en un contexto histórico marcado por la Revolución Industrial y los avances tecnológicos. Su interés por la ciencia y la experimentación se manifestó desde temprana edad. A lo largo de su vida, Edison obtuvo más de mil patentes, lo que lo convierte en uno de los inventores más prolíficos de la historia.

Entre sus inventos más destacados se encuentran la lámpara incandescente, el fonógrafo y el sistema de distribución de energía eléctrica en corriente continua. Estas invenciones tuvieron un impacto significativo en el mundo al mejorar la iluminación de los hogares, revolucionar la industria de la música y proporcionar una fuente de energía más eficiente y accesible.

El legado de Thomas Edison se manifiesta en la forma en que la electricidad y la iluminación han transformado nuestras vidas. Sus contribuciones sentaron las bases para el desarrollo de la industria eléctrica y la tecnología moderna. Además, Edison estableció el concepto de laboratorios de investigación y desarrollo, sentando un modelo para la innovación tecnológica.

Es importante mencionar que la figura de Edison también ha sido objeto de debate y controversia. Algunas de sus prácticas empresariales y su relación con otros inventores han sido cuestionadas. Asimismo, se ha discutido el papel de otros inventores, como Nikola Tesla, en el desarrollo de ciertos inventos atribuidos a Edison.

En resumen, Thomas Edison fue un inventor y empresario cuyas invenciones en el campo de la electricidad y la iluminación han tenido un impacto duradero en el mundo. Su legado se encuentra en la forma en que la electricidad ha transformado la sociedad moderna. Aunque su figura es reconocida, también se ha debatido y discutido su papel y algunas de sus prácticas.

Napoleón Bonaparte

Fue un destacado líder militar y político francés que desempeñó un papel crucial en la historia europea.

Contexto histórico y biografía:

Napoleón Bonaparte nació el 15 de agosto de 1769 en Córcega, una isla mediterránea que en ese momento era parte del Reino de Francia. En su juventud, se destacó en la educación militar y se unió al ejército francés durante la Revolución Francesa. Aprovechando las oportunidades que surgieron durante este período de agitación política y militar, Napoleón ascendió rápidamente en las filas del ejército y se convirtió en un líder destacado.

Vida íntima y datos curiosos:

Napoleón contrajo matrimonio en varias ocasiones. Su esposa más famosa fue Josefina de Beauharnais, con quien se casó en 1796. Sin embargo, su matrimonio enfrentó dificultades y finalmente se divorciaron en 1809. Napoleón luego contrajo matrimonio con María Luisa de Austria en 1810 y tuvo un hijo con ella, quien se convirtió en el Rey de Roma.

Influencias y experiencias clave en su vida:

Napoleón fue influenciado por las ideas de la Revolución Francesa y se convirtió en un defensor del republicanismo. Su carrera militar y sus victorias en el campo de batalla le dieron fama y poder. Su experiencia en la guerra le proporcionó habilidades estratégicas y tácticas que le permitieron expandir su imperio y ejercer un dominio político sobre gran parte de Europa.

Contribuciones y logros que impactaron al mundo:

Napoleón realizó numerosas contribuciones y logros significativos durante su gobierno. Algunos de los más destacados incluyen:

El Código Napoleónico: Introdujo un sistema legal unificado y moderno conocido como el Código Civil Napoleónico, que sentó las bases para los sistemas legales modernos en muchos países.

Expansión del Imperio Francés: Napoleón lideró una serie de exitosas campañas militares que llevaron a la expansión del Imperio Francés y a la incorporación de varios territorios bajo su dominio.

Modernización de la administración: Implementó reformas administrativas en Francia y en los territorios conquistados, mejorando la eficiencia y la centralización del gobierno.

Fomento de la educación y la cultura: Promovió la educación pública, fundó numerosas escuelas y academias, y apoyó las artes y las ciencias.

Legado y repercusiones duraderas:

El legado de Napoleón es complejo y controvertido. Por un lado, sus conquistas y reformas modernizaron y transformaron Europa en muchos aspectos. Sin embargo, su ambición imperial y su estilo de liderazgo autoritario también llevaron a guerras y conflictos masivos que causaron sufrimiento humano y la pérdida de innumerables vidas.

Charles Darwin

Fue un destacado científico inglés conocido por sus contribuciones revolucionarias en el campo de la biología y la teoría de la evolución.

Contexto histórico y biografía:

Charles Darwin nació el 12 de febrero de 1809 en Inglaterra. Vivió en una época de gran avance científico y social, conocida como la Era Victoriana. Estudió medicina y teología, pero su pasión por la historia natural lo llevó a embarcarse en un viaje de exploración en el HMS Beagle. Durante este viaje de cinco años alrededor del mundo, Darwin realizó observaciones y recopiló datos que sentarían las bases para sus ideas sobre la evolución.

Vida íntima y datos curiosos:

Charles Darwin contrajo matrimonio con Emma Wedgwood en 1839, y juntos tuvieron diez hijos. Se sabe que Darwin fue un hombre de familia dedicado y se preocupó profundamente por el bienestar de su esposa e hijos. Además, sufría de problemas de salud crónicos, y pasó gran parte de su vida lidiando con diversas dolencias.

Influencias y experiencias clave en su vida:

La principal influencia en la vida de Darwin fue su viaje a bordo del HMS Beagle. Durante esta expedición, visitó diversas regiones del mundo, observó la diversidad de especies y se interesó en la geología y la historia natural. Las observaciones que realizó durante el viaje y los estudios posteriores que realizó a partir de sus hallazgos fueron fundamentales para el desarrollo de su teoría de la evolución.

Contribuciones y logros que impactaron al mundo:

El logro más destacado de Darwin fue la formulación de la teoría de la evolución a través de la selección natural. Su obra más influyente, "El origen de las especies", publicada en 1859, presentó su teoría de que todas las especies evolucionan a lo largo del tiempo a través de un proceso de selección natural, donde los organismos con características ventajosas tienen más probabilidades de sobrevivir y reproducirse.

Legado y repercusiones duraderas:

La teoría de la evolución de Darwin tuvo un impacto significativo en la ciencia y la comprensión de la vida en la Tierra. Su trabajo desafió las ideas tradicionales sobre la creación divina y sentó las bases de la biología moderna. El darwinismo, como se conoce comúnmente a su teoría, ha influido en una amplia gama de disciplinas, incluyendo biología, genética, antropología y psicología evolutiva. El legado de Darwin también ha tenido implicaciones en el ámbito social y cultural. Ha generado debates sobre la relación entre ciencia y religión, así como sobre temas éticos y morales relacionados con la vida y la diversidad de especies. Su enfoque en la evidencia científica, la observación y la experimentación ha sentado un precedente importante para la investigación científica en general.

Adolf Hitler

Fue un político alemán que lideró el partido nazi y desempeñó un papel central en el inicio y desarrollo de la Segunda Guerra Mundial. Aunque puedo proporcionar información sobre su contexto histórico, biografía y algunos aspectos de su vida personal, es importante destacar que discutir su vida íntima y datos curiosos puede resultar ofensivo debido a los horribles crímenes y atrocidades cometidos durante su régimen. Por lo tanto, me enfocaré en proporcionar datos objetivos sobre su vida y legado:

Contexto histórico y biografía:

Adolf Hitler nació el 20 de abril de 1889 en Braunau am Inn, Austria. Se trasladó a Alemania en su juventud y se unió al Partido Obrero Alemán, que luego se transformaría en el Partido Nacionalsocialista Alemán de los Trabajadores (Nazi). Hitler se convirtió en el líder del partido en 1920 y rápidamente consolidó su poder y liderazgo en la Alemania de la época.

Vida íntima y datos curiosos:

Hitler estuvo casado brevemente con Eva Braun, quien fue su compañera sentimental durante varios años. La pareja contrajo matrimonio en un búnker en Berlín el 29 de abril de 1945, poco antes de que ambos se suicidaran. En cuanto a datos curiosos, es importante tener en cuenta que discutir aspectos triviales de la vida de Hitler puede minimizar la gravedad de sus acciones y el sufrimiento causado por su régimen.

Influencias y experiencias clave en su vida:

Hitler fue profundamente influenciado por la ideología antisemita, el nacionalismo extremo y el darwinismo social, entre otros elementos. Su tiempo en Viena, donde se interesó por la política y las ideas radicales, así como su experiencia durante la Primera Guerra Mundial, influyeron en su visión del mundo y en su deseo de restaurar la grandeza de Alemania.

Contribuciones y logros que impactaron al mundo:

El impacto de Hitler en el mundo fue devastador. Bajo su liderazgo, Alemania desencadenó la Segunda Guerra Mundial, que resultó en la muerte de millones de personas y la destrucción masiva de ciudades y naciones. Además, Hitler fue responsable del Holocausto, el genocidio sistemático y la persecución de millones de judíos y otros grupos considerados "indeseables" por el régimen nazi.

Legado y repercusiones duraderas:

El legado de Hitler es uno de los episodios más oscuros de la historia moderna. Su régimen nazi y sus políticas racistas y totalitarias dejaron una marca indeleble en el mundo. Las atrocidades cometidas durante su mandato sirven como un recordatorio sombrío de los peligros del fanatismo, la intolerancia y el abuso de poder. El Holocausto y la Segunda Guerra Mundial han tenido un impacto duradero en la conciencia global y han llevado a un mayor enfoque en los derechos humanos y la prevención de atrocidades en el mundo actual.

Mao Zedong

Fue un líder político y revolucionario chino que desempeñó un papel fundamental en la fundación de la República Popular China y en la formación de su gobierno comunista. A continuación, te proporcionaré información sobre su contexto histórico y biografía, algunas influencias clave en su vida, sus contribuciones y logros, así como su legado y repercusiones duraderas. Sin embargo, ten en cuenta que discutir su vida íntima y aspectos triviales puede ser limitado debido a la disponibilidad de información y a la complejidad de su régimen:

Contexto histórico y biografía:

Mao Zedong nació el 26 de diciembre de 1893 en Shaoshan, China. Vivió en una época de gran agitación política y social, marcada por la caída de la dinastía Qing y la lucha por el poder en China. Mao se involucró tempranamente en actividades revolucionarias y se convirtió en uno de los líderes del Partido Comunista de China.

Vida íntima y datos curiosos:

Mao Zedong se casó varias veces a lo largo de su vida. Su esposa más conocida fue Jiang Qing, quien también jugó un papel destacado durante la Revolución Cultural. En cuanto a datos curiosos, se sabe que Mao era un ávido nadador y disfrutaba de la poesía y la lectura.

Influencias y experiencias clave en su vida:

Mao Zedong fue influido por una variedad de ideas y experiencias a lo largo de su vida. Se inspiró en el comunismo y la lucha de clases promovida por Karl Marx, así como en las teorías revolucionarias de Vladimir Lenin. Además, las experiencias de Mao durante la lucha revolucionaria y la Guerra Civil China moldearon su ideología y enfoque político.

Contribuciones y logros que impactaron al mundo:

Mao Zedong lideró la Revolución China y estableció la República Popular China en 1949. Bajo su liderazgo, se implementaron políticas radicales como la colectivización agrícola y la industrialización acelerada. Sin embargo, también se asoció con la Gran Hambruna China, que causó la muerte de millones de personas. Además, Mao llevó a cabo la Revolución Cultural, un movimiento que tuvo un impacto masivo en la sociedad china y causó una gran inestabilidad.

Legado y repercusiones duraderas:

El legado de Mao Zedong es complejo y objeto de debate. Es considerado tanto un líder revolucionario y patriota como un dictador y responsable de graves violaciones a los derechos humanos. Su régimen tuvo un impacto duradero en China y en la política mundial. Mao estableció un sistema político basado en el maoísmo y sentó las bases para el socialismo chino. Sin embargo, su liderazgo también ha sido objeto de críticas y controversias debido a los excesos y las consecuencias negativas de algunas de sus políticas.

Genghis Khan

Su nombre real era Temujin, fue un líder militar y fundador del Imperio Mongol en el siglo XIII. A continuación, te proporcionaré información sobre su contexto histórico y biografía, algunas influencias clave en su vida, sus contribuciones y logros, así como su legado y repercusiones duraderas.

Contexto histórico y biografía:

Genghis Khan nació en el año 1162 en las estepas de Mongolia. En ese momento, las tribus mongolas eran fragmentadas y se encontraban en constante conflicto. Genghis Khan logró unificar las tribus bajo su liderazgo y estableció el Imperio Mongol, que se expandió desde Asia Central hasta Europa Oriental y Asia Oriental.

Vida íntima y datos curiosos:

La información específica sobre la vida íntima de Genghis Khan es escasa. Se sabe que tuvo múltiples esposas y concubinas, y se le atribuye una amplia descendencia. Sin embargo, los detalles exactos sobre su vida personal y relaciones son difíciles de determinar con precisión.

Influencias y experiencias clave en su vida:

Genghis Khan fue influenciado por la cultura y las tradiciones nómadas de las estepas mongolas. Aprendió valiosas habilidades de liderazgo y estrategia durante su juventud, y fue testigo de los conflictos y las rivalidades entre las tribus. Estas experiencias lo llevaron a buscar la unificación de las tribus mongolas bajo su liderazgo.

Contribuciones y logros que impactaron al mundo:

Genghis Khan lideró una serie de campañas militares exitosas que resultaron en la creación del vasto Imperio Mongol. Su ejército era conocido por su velocidad, organización y tácticas innovadoras. El imperio establecido bajo su liderazgo se convirtió en uno de los más grandes de la historia, y su legado se extendió por siglos.

Legado y repercusiones duraderas:

El legado de Genghis Khan es complejo. Por un lado, su imperio promovió el comercio, la comunicación y el intercambio cultural en Eurasia. Además, implementó políticas que fomentaron la paz y la estabilidad en las regiones conquistadas. Sin embargo, también se le atribuye la destrucción y la violencia asociada con las conquistas del Imperio Mongol.

A nivel cultural, el imperio de Genghis Khan influyó en la difusión de la cultura mongola y en la promoción de intercambios culturales a través de las rutas comerciales. Además, su impacto militar y político sentó las bases para los imperios posteriores en Eurasia.

Es importante tener en cuenta que las conquistas de Genghis Khan tuvieron un costo humano significativo y causaron devastación en muchas regiones. Sin embargo, su liderazgo y legado han dejado una huella duradera en la historia mundial y en la forma en que las culturas interactuaron y se desarrollaron en Eurasia.

Nikola Tesla

Fue un inventor, ingeniero eléctrico y científico de origen serbio que vivió en el siglo XIX y principios del siglo XX.

Contexto histórico y biografía:

Nikola Tesla nació el 10 de julio de 1856 en el Imperio Austríaco, que en la actualidad corresponde a la moderna Croacia. Durante su vida, presenció importantes avances científicos y tecnológicos, como la invención de la electricidad y la expansión de la industria eléctrica.

Vida íntima y datos curiosos:

Tesla dedicó gran parte de su vida al trabajo y a sus investigaciones científicas, por lo que se sabe poco sobre su vida íntima. No se conocen registros de que haya tenido una esposa o una vida amorosa destacada. Al parecer, Tesla llevó una vida austera y enfocada en su trabajo.

Influencias y experiencias clave en su vida:

Tesla fue influenciado por inventores y científicos de su época, como Thomas Edison y Heinrich Hertz. También tuvo una amplia educación científica y técnica, lo que le permitió explorar diversas áreas de la ciencia y desarrollar su propio enfoque innovador en el campo de la electricidad.

Contribuciones y logros que impactaron el mundo:

Tesla es conocido por sus numerosas contribuciones e inventos en el campo de la electricidad y la ingeniería eléctrica. Algunos de sus logros más destacados incluyen el desarrollo de la corriente alterna (AC), la invención del motor de inducción AC y la construcción de la primera planta hidroeléctrica en las Cataratas del Niágara. Sus inventos sentaron las bases para el desarrollo de sistemas de generación y distribución de energía eléctrica a gran escala.

Legado y repercusiones duraderas:

El legado de Tesla es significativo en el ámbito científico y tecnológico. Sus contribuciones a la electricidad y la ingeniería eléctrica revolucionaron la forma en que se generaba y se transmitía la energía eléctrica, y sentaron las bases para el desarrollo de la sociedad industrial moderna. Su énfasis en la corriente alterna ha sido fundamental en el campo de la transmisión de energía eléctrica a largas distancias.

Aunque Tesla no tuvo el reconocimiento y el éxito financiero durante su vida que otros inventores de su época lograron, su legado ha sido reconocido y valorado en las décadas posteriores a su muerte. Su nombre se asocia con el genio científico y su trabajo continúa inspirando a científicos, inventores y tecnólogos en todo el mundo. El premio internacional de ingeniería eléctrica, el "Premio Nikola Tesla", fue establecido en su honor, y su nombre sigue siendo sinónimo de innovación y progreso en la industria eléctrica.

Bill Gates

Cuyo nombre completo es William Henry Gates III, es un empresario, filántropo y magnate de los negocios estadounidense. A continuación, te proporcionaré información sobre su contexto histórico y biografía, influencias clave en su vida, contribuciones y logros, así como su legado y repercusiones duraderas. Sin embargo, ten en cuenta que la información sobre su vida íntima puede ser limitada debido a la privacidad del individuo:

Contexto histórico y biografía:

Bill Gates nació el 28 de octubre de 1955 en Seattle, Washington, Estados Unidos. Creció en una familia de clase media y desde temprana edad mostró interés por la tecnología y la informática. Gates asistió a la Universidad de Harvard, donde conoció a Paul Allen, con quien cofundaría más tarde Microsoft.

Vida íntima:

Bill Gates se casó con Melinda French en 1994. Tuvieron tres hijos juntos. Sin embargo, en mayo de 2021, anunciaron su divorcio después de 27 años de matrimonio.

Influencias y experiencias clave en su vida:

Gates fue influenciado por su pasión por la tecnología y la programación desde una edad temprana. Su encuentro con Paul Allen en la Universidad de Harvard fue fundamental para su posterior colaboración en la creación de Microsoft. Gates también fue influenciado por su relación con su madre, quien lo alentó a seguir sus intereses y perseguir sus sueños.

Contribuciones y logros que impactaron el mundo:

Bill Gates es conocido por ser uno de los fundadores de Microsoft, una de las empresas de software más influyentes del mundo. Bajo su liderazgo, Microsoft desarrolló el sistema operativo Windows, que se convirtió en una de las plataformas más utilizadas en computadoras personales. Gates también ha realizado importantes contribuciones en el ámbito de la filantropía, a través de la Fundación Bill y Melinda Gates, que se dedica a abordar problemas globales como la pobreza, la salud y la educación.

El legado de Bill Gates es significativo en la industria tecnológica y en el campo de la filantropía. Su visión empresarial y su liderazgo en Microsoft contribuyeron al avance de la informática personal y sentaron las bases para el desarrollo de la industria tecnológica moderna. Además, su enfoque en la filantropía ha tenido un impacto global en la mejora de la salud, la educación y las condiciones de vida de las personas más necesitadas.

Gates es reconocido como uno de los empresarios más exitosos y uno de los filántropos más influyentes del mundo. Su enfoque en utilizar la tecnología y los recursos para abordar los desafíos mundiales ha dejado un legado duradero y continúa inspirando a otros líderes empresariales y filántropos a seguir su ejemplo.

Platón

Su nombre real era Aristocles, fue un filósofo griego nacido alrededor del año 427 a.C. en Atenas, Grecia. Es considerado uno de los pensadores más influyentes de la historia occidental y uno de los discípulos más destacados de Sócrates.

No se conocen muchos detalles específicos sobre la vida íntima y las relaciones personales de Platón, ya que la información histórica disponible se centra principalmente en sus enseñanzas filosóficas y sus escritos.

Datos curiosos sobre Platón incluyen su participación en la Guerra del Peloponeso y su estrecha relación con Sócrates, a quien consideraba su maestro y cuya muerte marcó un impacto significativo en su vida y en su filosofía.

Influencias y experiencias clave en su vida:

La principal influencia en la vida de Platón fue su maestro Sócrates, cuyos métodos filosóficos y enfoque de la búsqueda de la verdad tuvieron un impacto profundo en su pensamiento. Otro aspecto importante en su vida fue su viaje a Egipto, donde se cree que tuvo contacto con las enseñanzas de los sacerdotes egipcios y se familiarizó con la filosofía y las ciencias de esa cultura.

Contribuciones y logros que impactaron el mundo:

Platón fundó la Academia de Atenas, una de las instituciones educativas más importantes de la antigüedad, donde se formaron numerosos filósofos y pensadores destacados. Sus diálogos filosóficos, escritos en forma de conversaciones entre personajes, exploran una amplia gama de temas, como la ética, la política, la metafísica y la epistemología. Su obra más famosa es "La República", donde presenta su visión ideal de un estado justo y la teoría de las Ideas.

Legado y repercusiones duraderas:

El legado de Platón radica en su enfoque filosófico y su contribución al desarrollo del pensamiento occidental. Sus ideas sobre la realidad, la moral y la justicia han tenido una influencia duradera en la filosofía, la política, la teología y otras disciplinas. Además, su método de diálogo y su búsqueda de la verdad han sido una fuente de inspiración para generaciones de pensadores y académicos.

Platón también sentó las bases para el estudio sistemático de la filosofía, estableciendo la importancia de la razón y el análisis crítico. Su trabajo ha influido en numerosos filósofos y pensadores a lo largo de la historia, y su impacto se extiende hasta nuestros días.

William Shakespeare

Considerado uno de los escritores más influyentes de la literatura mundial, vivió en el siglo XVI y XVII, durante el período conocido como el Renacimiento inglés. Nació en Stratford-upon-Avon, Inglaterra, en abril de 1564 y falleció el 23 de abril de 1616.

En cuanto a su vida personal, Shakespeare contrajo matrimonio con Anne Hathaway en 1582, y tuvieron tres hijos juntos. No se conocen muchos detalles íntimos de su vida, ya que la información disponible es limitada. En cuanto a su orientación sexual, no existen registros concluyentes que indiquen su preferencia sexual.

Un dato curioso sobre Shakespeare es que se le atribuyen obras teatrales en diversos géneros, como tragedias, comedias, obras históricas y sonetos. Además, se estima que contribuyó a la expansión del vocabulario inglés, ya que se le atribuye la creación de nuevas palabras y frases.

Las influencias y experiencias clave en la vida de Shakespeare son objeto de especulación, ya que no se cuenta con una biografía detallada. Sin embargo, se cree que pudo haber tenido acceso a una educación básica en su juventud y que pudo haber viajado a Londres para involucrarse en el mundo del teatro y la escritura.

Las contribuciones y logros de Shakespeare en la literatura y el teatro son enormes. Es autor de obras icónicas como "Romeo y Julieta", "Hamlet", "Macbeth" y "El Rey Lear", entre muchas otras. Sus obras han sido traducidas a numerosos idiomas y se siguen representando en teatros de todo el mundo. Shakespeare revolucionó el teatro de su época al introducir personajes complejos, tramas elaboradas y un lenguaje poético.

El legado de Shakespeare y sus repercusiones duraderas son innegables. Sus obras siguen siendo estudiadas y representadas en la actualidad, y su influencia en la literatura, el teatro y la cultura es incalculable. Sus personajes, como Romeo, Julieta, Hamlet y Lady Macbeth, se han convertido en arquetipos y figuras emblemáticas en la historia del teatro. Shakespeare es considerado una de las mentes literarias más brillantes de todos los tiempos y su legado perdura como una parte integral de la cultura occidental.

Alexander Graham Bell

Nacido el 3 de marzo de 1847 en Edimburgo, Escocia, y fallecido el 2 de agosto de 1922 en Baddeck, Nueva Escocia, fue un científico, inventor y educador conocido principalmente por inventar el teléfono.

En cuanto a su vida personal, Bell contrajo matrimonio con Mabel Hubbard en 1877, con quien tuvo cuatro hijos. Respecto a su vida íntima, no se disponen de muchos detalles sobre su vida sexual, ya que no es un aspecto ampliamente documentado.

Un dato curioso sobre Bell es que, aparte de su invento del teléfono, también estuvo involucrado en otros campos, como la fonética y la aviación. Fue miembro fundador de la National Geographic Society en 1888 y desempeñó un papel clave en el desarrollo de la aviación, trabajando en el diseño de aeroplanos y en la mejora de motores aeronáuticos.

Las influencias y experiencias clave en la vida de Alexander Graham Bell incluyen su interés por la comunicación y el sonido desde una edad temprana, así como su trabajo con el habla y la sordera. Su madre y su esposa, ambas sordas, influyeron en su dedicación a la invención de dispositivos que ayudaran a las personas con discapacidad auditiva.

El logro más destacado de Bell fue el invento del teléfono, patentado en 1876. Su trabajo revolucionó la comunicación a larga distancia, permitiendo transmitir la voz humana a través de cables. Esta invención tuvo un impacto significativo en el mundo, transformando la forma en que las personas se comunicaban y abriendo nuevas posibilidades para el comercio, la educación y las relaciones sociales.

El legado de Alexander Graham Bell es innegable. Además del teléfono, sus contribuciones también incluyen avances en áreas como la telegrafía, la aviación, la educación de personas con discapacidad auditiva y la tecnología del sonido. Su trabajo sentó las bases para el desarrollo de las comunicaciones modernas y su influencia en la tecnología y la sociedad perdura hasta el día de hoy.

Joseph Stalin

(1878-1953) fue un político y líder soviético que gobernó la Unión Soviética con mano de hierro durante gran parte del siglo XX.

Contexto histórico:

Stalin vivió en una época marcada por importantes eventos históricos, como la Revolución Rusa de 1917 y la Segunda Guerra Mundial. Nació el 18 de diciembre de 1878 en Gori, Georgia, que en ese momento formaba parte del Imperio Ruso. Su vida y carrera política se desarrollaron en un período de intensa agitación social y política en Rusia.

Biografía:

Stalin nació con el nombre de Iósif Vissariónovich Dzhugashvili. Ingresó en el Partido Comunista de la Unión Soviética y se convirtió en uno de los líderes destacados del partido. Stalin ejerció un control autoritario y totalitario sobre el país durante su mandato como Secretario General del partido y posteriormente como líder de la Unión Soviética.

Vida íntima:

Stalin estuvo casado dos veces. Su primera esposa, Ekaterina Svanidze, murió en 1907. Más tarde, contrajo matrimonio con Nadezhda Alliluyeva, con quien tuvo dos hijos. Sin embargo, su relación matrimonial fue tensa y Nadezhda se suicidó en 1932. Poco se conoce sobre la vida íntima de Stalin, ya que era una figura muy reservada y se protegía mucho su privacidad.

Datos curiosos:

Stalin adoptó el apellido "Stalin", que significa "hombre de acero", como un nombre revolucionario.

Fue conocido por su personalidad despiadada y su capacidad para eliminar a sus opositores políticos a través de purgas y ejecuciones.

Stalin era un fumador empedernido y se le veía con frecuencia con un cigarrillo en la mano.

Tenía una fascinación por el cine y disfrutaba de las películas de Hollywood.

Influencias y experiencias clave:

Stalin fue influenciado por el pensamiento marxista-leninista, así como por la Revolución de Octubre de 1917, en la que desempeñó un papel importante. Además, su tiempo en prisión y su participación en actividades revolucionarias contribuyeron a su formación política y su determinación para alcanzar el poder.

Contribuciones y logros:

Consolidó su poder y estableció un régimen totalitario en la Unión Soviética.

Implementó políticas de colectivización agraria, que llevaron a la eliminación de granjas privadas y a la formación de granjas colectivas.

Lideró la industrialización acelerada de la Unión Soviética, transformando al país en una potencia industrial.

Jugó un papel clave en la victoria de la Unión Soviética en la Segunda Guerra Mundial y en la expansión del territorio soviético.

Cleopatra

(69 a.C. - 30 a.C.) fue una reina de origen egipcio que gobernó el antiguo Egipto y desempeñó un papel crucial en los eventos de la época. A continuación, te proporciono información relevante sobre su contexto histórico, biografía, vida personal, influencias, contribuciones y legado:

Contexto histórico:

Cleopatra vivió durante el periodo helenístico, una época en la que Egipto estaba bajo la influencia de la cultura y el dominio macedónico-griego. Durante su reinado, Egipto se encontraba bajo la amenaza del poderoso Imperio Romano y estaba inmerso en luchas internas por el control del trono.

Biografía:

Cleopatra nació en el año 69 a.C. en Alejandría, Egipto, y pertenecía a la dinastía ptolemaica, descendiente de Ptolomeo I, uno de los generales de Alejandro Magno. Se convirtió en reina a los 18 años y reinó junto con su hermano Ptolomeo XIII. A lo largo de su vida, Cleopatra tuvo relaciones políticas y amorosas con líderes romanos prominentes, como Julio César y Marco Antonio.

Vida íntima:

Cleopatra se casó con su hermano Ptolomeo XIII, como era común en la dinastía ptolemaica, pero su relación fue tensa y marcada por luchas de poder. Tuvo una relación duradera con Julio César, con quien tuvo un hijo llamado Cesarión. Después de la muerte de César, Cleopatra se unió a Marco Antonio y tuvieron tres hijos en común. Cleopatra y Marco Antonio se suicidaron en el año 30 a.C. tras su derrota ante Octavio, futuro emperador Augusto.

Datos curiosos:

Cleopatra hablaba varios idiomas, incluyendo el egipcio, el griego y el latín.

Era conocida por su belleza y su habilidad para seducir a hombres poderosos.

Se le atribuye el uso de técnicas de maquillaje y perfumes elaborados para realzar su atractivo.

Cleopatra era una astuta política y diplomática, y utilizó su encanto y habilidades para mantener el poder en un contexto político volátil.

Influencias y experiencias clave:

Cleopatra se vio influenciada por la cultura griega y el legado de Alejandro Magno, así como por las tensiones políticas y militares en el Mediterráneo oriental. Sus experiencias incluyeron la lucha por el trono de Egipto, las alianzas políticas y sus relaciones con líderes romanos.

Contribuciones y logros:

Cleopatra fue una gobernante inteligente y astuta que mantuvo el control del trono egipcio durante varias décadas en un tiempo de creciente influencia romana.

Desempeñó un papel clave en la política y la diplomacia de su tiempo, forjando alianzas y tratados para mantener la independencia de Egipto.

Su relación con líderes romanos influyentes, como Julio César y Marco Antonio, le permitió ejercer influencia sobre asuntos políticos y militares en el mundo

Karl Marx

Fue un filósofo, economista, sociólogo y revolucionario alemán, conocido principalmente por ser el autor de "El Manifiesto Comunista" y "El Capital".

Contexto histórico y biografía:

Karl Marx nació el 5 de mayo de 1818 en Tréveris, en lo que hoy es Alemania. Vivió en una época de cambios y convulsiones sociales, marcada por la Revolución Industrial y el auge del capitalismo. Marx se interesó desde joven por la filosofía, la política y la economía, y se convirtió en un crítico feroz del sistema capitalista y defensor del socialismo.

Esposa y vida íntima:

Marx contrajo matrimonio con Jenny von Westphalen en 1843, y tuvieron siete hijos juntos. Jenny fue una compañera leal y apoyó activamente el trabajo intelectual de Marx. Aunque la familia Marx enfrentó dificultades económicas durante gran parte de sus vidas, Jenny fue una presencia constante y de apoyo para Karl.

Datos curiosos:

Marx vivió gran parte de su vida en el exilio debido a sus actividades políticas. Pasó varios años en París y Bruselas antes de establecerse en Londres, donde vivió hasta su muerte en 1883. Durante su vida, Marx experimentó dificultades financieras y dependió en gran medida del apoyo económico de su amigo y colaborador, Friedrich Engels.

Influencias y experiencias clave en su vida:

Las ideas de Marx se vieron influidas por filósofos como Georg Wilhelm Friedrich Hegel y Ludwig Feuerbach, así como por los movimientos obreros y socialistas de su tiempo. También se interesó por el estudio del materialismo histórico y la economía política, influyendo en su enfoque crítico del capitalismo y su visión de una sociedad comunista.

Contribuciones y logros que impactaron al mundo:

Marx es conocido por su teoría del materialismo histórico y su análisis crítico del capitalismo. Sus obras, como "El Manifiesto Comunista" y "El Capital", han influido en el pensamiento político y económico, y han sido fundamentales para el desarrollo del movimiento comunista y socialista en todo el mundo.

Legado y repercusiones duraderas:

El legado de Marx ha tenido un impacto profundo en la política, la economía y la sociedad en general. Sus ideas han influido en numerosos movimientos sociales y políticos a lo largo del siglo XX y continúan siendo objeto de estudio y debate en la actualidad. El marxismo y el socialismo científico basado en sus ideas han tenido un impacto duradero en diferentes países y en la lucha por la justicia social, la igualdad y la emancipación de los trabajadores.

Como mencioné anteriormente, el legado de Marx ha sido objeto de interpretaciones y críticas a lo largo del tiempo. Algunos críticos argumentan que sus ideas llevaron a regímenes totalitarios y represivos en el siglo XX, mientras que otros defienden su visión de la igualdad social y la crítica al sistema capitalista.

A pesar de las diversas interpretaciones, el impacto de Marx en la teoría política y económica ha sido innegable. Sus análisis sobre las contradicciones inherentes al capitalismo, como la explotación de los trabajadores y las desigualdades sociales, han llevado a importantes debates y han influido en la evolución de la economía y las políticas sociales en muchos países.

Además, el enfoque marxista ha influido en la sociología, la antropología y otros campos de las ciencias sociales, ayudando a comprender las dinámicas sociales, las relaciones de poder y las estructuras económicas. Sus contribuciones teóricas han sido objeto de estudio y crítica por parte de académicos y han inspirado movimientos de trabajadores, sindicatos y luchas por la justicia social en todo el mundo. En resumen, Karl Marx dejó un legado intelectual y político que ha impactado profundamente en la teoría económica, política y social.

Nicolás Copérnico

(1473-1543) fue un astrónomo y matemático polaco que formuló la teoría heliocéntrica del sistema solar, que revolucionó nuestra comprensión del universo.

Contexto histórico:

Copérnico vivió en una época conocida como el Renacimiento, un período de grandes avances científicos y culturales. Nació el 19 de febrero de 1473 en Thorn, Prusia, que en ese momento formaba parte del Reino de Polonia. Su trabajo se desarrolló en un momento de transición entre la concepción geocéntrica tradicional del universo y la revolución científica que vendría.

Biografía:

Copérnico estudió matemáticas y astronomía en las universidades de Cracovia, Bolonia y Padua. A lo largo de su vida, trabajó como clérigo, médico y administrador de propiedades eclesiásticas. Pasó la mayor parte de su vida en la ciudad de Frombork, Polonia, donde realizó sus investigaciones astronómicas.

Vida íntima:

No se sabe mucho sobre la vida personal de Copérnico, ya que era un hombre reservado. No se casó ni tuvo hijos. Como clérigo católico, se comprometió con el celibato.

Datos curiosos:

Copérnico era políglota y hablaba varios idiomas, incluyendo polaco, latín, alemán, italiano y griego.

Además de sus contribuciones a la astronomía, también realizó estudios en medicina, economía y teología. Copérnico fue un habilidoso músico y tocaba el órgano.

Influencias y experiencias clave:

Las principales influencias en la vida de Copérnico fueron los trabajos de antiguos astrónomos griegos, como Aristarco de Samos, así como los avances científicos y las discusiones académicas de su tiempo. Las observaciones astronómicas realizadas por Copérnico y su interés en resolver problemas matemáticos y astronómicos clave fueron fundamentales para el desarrollo de su teoría heliocéntrica.

Contribuciones y logros:

La principal contribución de Copérnico fue la formulación y publicación de la teoría heliocéntrica, que postulaba que la Tierra giraba alrededor del Sol en lugar de ser el centro del universo. Su obra más famosa, "De revolutionibus orbium coelestium" ("Sobre las revoluciones de las esferas celestes"), se publicó en 1543, poco antes de su muerte.

Su teoría desafiaba la visión geocéntrica del universo y sentó las bases de la astronomía moderna, al proponer un modelo matemático más preciso y coherente.

Copérnico desarrolló métodos y técnicas matemáticas innovadoras para calcular las posiciones y los movimientos de los planetas, sentando las bases para el desarrollo posterior del cálculo y la mecánica celeste.

Cristóbal Colón

Su nombre completo era Cristoforo Colombo, fue un navegante y explorador genovés conocido por su viaje transatlántico en 1492, que resultó en el descubrimiento de América por parte de Europa.

Contexto histórico:

Cristóbal Colón vivió durante la época del Renacimiento, un período de grandes avances intelectuales y descubrimientos científicos en Europa.

El contexto histórico estaba marcado por la expansión marítima y el deseo de encontrar nuevas rutas comerciales hacia Asia.

Biografía:

Colón nació en Génova, Italia, alrededor de 1451. Pertenecía a una familia de comerciantes.

Comenzó su carrera como marino y adquirió experiencia en la navegación y el comercio marítimo.

Convencido de que podía llegar a Asia navegando hacia el oeste, buscó apoyo financiero para su expedición y finalmente obtuvo el respaldo de los Reyes Católicos de España.

En 1492, partió en su primer viaje transatlántico y llegó a las Islas Bahamas, creyendo haber llegado a Asia.

Realizó varios viajes más a América, pero nunca se dio cuenta de que había descubierto un continente completamente nuevo.

Esposa, vida íntima y datos curiosos:

Culón contrajo matrimonio con Filipa Moniz Perestrelo en 1479, y tuvieron un hijo llamado Diego.

No se conocen muchos detalles sobre su vida íntima o aspectos personales más allá de su carrera como explorador, pero se dice que, era un goloso en las Américas, fornicando con las nativas.

Un dato curioso es que Colón llevó consigo en sus viajes un libro titulado "Imago Mundi", escrito por el geógrafo Pierre d'Ailly, que influenció sus creencias sobre la forma y tamaño de la Tierra.

Contribuciones y logros:

El principal logro de Colón fue el descubrimiento de América, que tuvo un impacto significativo en la historia mundial al abrir un nuevo camino hacia el continente americano.

Aunque inicialmente creyó haber llegado a Asia, su descubrimiento allanó el camino para futuras exploraciones y colonizaciones europeas en América.

Colón también contribuyó al conocimiento geográfico y cartográfico de la época, aunque sus ideas sobre la forma de la Tierra resultaron erróneas.

Legado y repercusiones duraderas:

El legado de Cristóbal Colón es complejo y polémico. Aunque se le reconoce como un explorador destacado, también se le critica por las consecuencias negativas del colonialismo y el impacto en las poblaciones indígenas de América.

El descubrimiento de América por parte de Colón marcó el inicio de la era de los descubrimientos y cambió la historia mundial al establecer un contacto duradero entre Europa y América.

Colón se convirtió en un símbolo y figura destacada en la historia de España y en un ícono de la exploración y el descubrimiento en general.